Analyse de l'œuvre

Par Éliane Choffray et Pauline Coullet

Hernani

de Victor Hugo

Rendez-vous sur lepetitlitteraire.fr et découvrez :

Plus de 1200 analyses
Claires et synthétiques
Téléchargeables en 30 secondes
À imprimer chez soi

VICTOR HUGO

POÈTE, DRAMATURGE, ROMANCIER ET HOMME POLITIQUE FRANÇAIS

- **Né en1802 à Besançon (Doubs)**
- **Décédé en 1885 à Paris**
- **Quelques-unes de ses œuvres** :
  - *Notre-Dame de Paris* (1831), roman
  - *Les Contemplations* (1856), recueil de poèmes
  - *Les Misérables* (1862), roman

Victor Hugo est l'écrivain emblématique du romantisme français. Considéré comme le chef de file de ce mouvement, il a mené une vie politiquement engagée dont ses œuvres se font souvent l'écho. Ainsi en est-il du *Dernier Jour d'un condamné* (1829) qui poursuit, par les moyens de la littérature, la lutte que Hugo mène contre la peine de mort, ou encore des *Misérables* (1862), œuvre dans laquelle il investit la question sociale.

Durant tout le Second Empire (régime politique établi en France par Napoléon III, 1852-1870) il est contraint à l'exil. Il s'enfuit d'abord à Bruxelles, puis part pour Jersey et finit expulsé à Guernesey (deux iles Anglo-Normandes) où il écrit notamment *Les Misérables*.

À sa mort en 1885, la République lui organise des obsèques nationales. Il est depuis célébré comme l'un des plus grands écrivains français.

HERNANI

UN MANIFESTE DU DRAME ROMANTIQUE

- **Genre** : drame
- **Édition de référence** : *Hernani*, Paris, Gallimard, coll. « Folio théâtre », 1995, 256 p.
- **1ʳᵉ édition** : 1830
- **Thématiques** : triangle amoureux, Histoire, noblesse, honneur, politique, héros romantique

Hernani est un drame versifié en cinq actes qui provoque, lors de ses représentations en 1830, une véritable bataille entre les Anciens (les partisans du théâtre classique) et les Modernes (la jeune génération romantique), à l'instar du célèbre *Cid* (1637) de Corneille (poète dramatique français, 1606-1684) en son temps. Hugo fomente, avec cette pièce, le triomphe d'une nouvelle esthétique théâtrale, celle du drame romantique.

Le drame romantique, tel que l'envisage Hugo, est fondé sur une exigence de liberté par rapport au classicisme : l'auteur développe la psychologie de ses personnages, « libère » à cet effet l'alexandrin pour qu'il puisse traduire la moindre nuance des sentiments et prend pour héros un homme en proie aux forces de la passion et du destin.

La pièce retrace l'histoire d'amour tragique entre Hernani, un noble banni devenu bandit, et une jeune demoiselle, doña Sol, dont sont également amoureux don Ruy Gomez, son oncle, et don Carlos, roi d'Espagne.

RÉSUMÉ

ACTE I – LE ROI

Don Carlos, roi de Castille, s'introduit incognito dans la chambre de doña Sol en se faisant passer pour son amant, Hernani, un bandit qui dirige une troupe de révoltés. Il y surprend la duègne (femme âgée chargée de veiller sur la conduite d'une jeune personne) et la force à le cacher dans une armoire. Hernani et doña Sol se retrouvent ensuite dans la même pièce. Don Carlos écoute leur conversation. Hernani fait des déclarations enflammées à sa belle, pourtant promise à son vieil oncle, don Ruy Gomez. Elle exprime son désir de suivre son amant et de partager sa vie de proscrit. Hernani évoque, quant à lui, sa promesse de tuer le roi de Castille pour venger son père que le père du roi a jadis assassiné.

C'est alors que don Carlos sort de l'armoire et déclare lui aussi son amour à doña Sol, tout en continuant à dissimuler son visage sous un chapeau. Les deux rivaux s'apprêtent à se battre en duel lorsqu'on frappe à la porte : don Ruy Gomez entre et se montre indigné de voir deux hommes dans la chambre de sa fiancée. Don Carlos révèle alors qu'il est le roi d'Espagne et prétend qu'il se trouve au château pour annoncer la mort de l'empereur, faisant passer Hernani, par honneur et pour ne pas le trahir, pour quelqu'un de sa suite. Il fait mine de vouloir consulter don Ruy Gomez quant à ses chances d'accéder au trône du Saint-Empire.

Avant de partir, Hernani donne rendez-vous à doña Sol à minuit, sans savoir que le roi entend toujours leur conversation. Don Carlos se retire, suivi par Hernani, qui entame alors un monologue sur la vengeance qu'il doit accomplir au nom de son père.

ACTE II – LE BANDIT

La nuit, devant le palais de don Ruy Gomez, le roi se tient en embuscade avec ses courtisans afin de surprendre les amants. Feignant d'être Hernani, il parvient à rencontrer doña Sol. Il lui propose une vie de reine, mais elle refuse de l'épouser et appelle à son secours Hernani, qui arrive et l'enlace. L'amant provoque le roi en duel ; cependant, comme celui-ci refuse, Hernani le laisse partir, renonçant à ce qui ne serait autrement qu'un vil assassinat. Don Carlos menace Hernani : brigand, il sera poursuivi dans tout l'empire. Le jeune homme, sachant qu'il est un danger pour doña Sol, remet en question leur décision de fuir. Pourtant, la jeune femme s'y tient, car rien n'a d'importance, pourvu qu'elle reste avec son amant. L'armée du roi aux trousses, Hernani, promis à la potence, refuse de partager son sort avec doña Sol et la quitte pour rejoindre sa bande.

ACTE III – LE VIEILLARD

C'est le jour du mariage de doña Sol et de don Ruy Gomez. Alors que ces derniers discutent, ils sont interrompus par un page qui les informe de l'arrivée d'un pèlerin. Avant de le laisser entrer, don Ruy Gomez demande au page s'il a entendu des rumeurs sur le compte du « chef des bandits infidèles » (acte III, scène I), par quoi il faut entendre Hernani. Le page répond qu'il a entendu dire qu'il était mort. Doña Sol, à part soi, est bouleversée. Don Ruy Gomez rejoint le visiteur, conformément aux lois de l'hospitalité, puis doña Sol arrive à son tour. Voyant la jeune femme vêtue d'une robe de mariée, le pèlerin, pris de passion, révèle son identité : il est Hernani.

Désespéré de voir que doña Sol a résolu d'épouser son oncle et l'a oublié, il souhaite qu'on l'arrête et qu'on le livre (sa tête est mise à prix puisqu'il est le chef de file des bandits). Don Ruy Gomez refuse car, bien qu'Hernani soit un bandit, il ne peut déroger à la loi sacrée de l'hospitalité. Hernani est son hôte, il décide donc de le protéger.

Alors que don Ruy Gomez sort pour faire barricader le château, au cas où une troupe armée viendrait réclamer son hôte, Hernani et doña Sol se retrouvent seuls et se déclarent à nouveau leur flamme. S'il le faut, ils mourront ensemble. L'oncle de la jeune fille rentre alors qu'ils échangent des regards langoureux. Don Ruy Gomez déplore le peu de respect d'Hernani, son manque d'honneur et la dégénérescence du monde. Hernani souhaite se sacrifier pour prouver la bonne foi de sa maitresse. Mais, à l'annonce de l'arrivée du roi, don Ruy Gomez se plie à nouveau à son devoir d'hospitalité et cache Hernani.

Le roi, devant le château barricadé, accuse Ruy Gomez de contester son pouvoir et de protéger Hernani, ce dont le vieil homme ne se cache pas. Le roi exige qu'on lui amène le fugitif, mais Ruy Gomez explique à son souverain, en passant en revue les portraits de ses illustres ancêtres, que les lois de l'hospitalité sont sacrées pour lui. Il offre donc sa propre tête à la place de celle de son hôte. Doña Sol proteste et c'est finalement elle que don Ruy Gomez remet au roi, pour ne pas manquer à son honneur d'hôte, mais sans se douter qu'il livre sa promise à un rival. Hernani et don Ruy Gomez se retrouvent seuls. Hernani, qui a été sauvé par don Ruy Gomez, sait que sa vie appartient désormais à ce dernier. Il demande toutefois à don Ruy Gomez de revoir une dernière fois doña Sol avant de mourir. Hernani propose alors à don Ruy Gomez d'unir leurs forces pour sauver la jeune fille et de remettre son exécution à plus tard. Lorsque don Ruy Gomez jugera bon de le tuer, il n'aura qu'à sonner le cor et Hernani le rejoindra.

ACTE IV – LE TOMBEAU

Dans les caveaux de la cathédrale d'Aix-la-Chapelle (Allemagne), alors que les grands électeurs vont bientôt choisir le nouvel empereur (dont le nom sera annoncé par un nombre précis de coups de canon), don Carlos apprend d'un de ses courtisans les noms de quelques-uns des conspirateurs qui comptent le faire tomber s'il est élu. Le roi ignore encore que don Ruy Gomez et Hernani en font partie. Seul, don Carlos s'adresse à Charlemagne (empereur d'Occident, 742 ou 747-814), puis entre dans le tombeau de ce dernier pour lui demander conseil quant à la façon de gouverner.

Arrivent ensuite les conjurés. Ceux-ci tirent au sort l'homme qui sera chargé d'assassiner don Carlos : c'est Hernani. Trois coups de canon retentissent, annonçant que don Carlos a été élu empereur. Le nouvel empereur sort alors du tombeau et fait cerner les conjurés par ses soldats. Hernani est épargné, car seuls les nobles sont punis. Il insiste alors pour se joindre au groupe et révèle sa véritable identité : il est en fait un noble, le duc Jean d'Aragon, banni par le père de l'empereur. Doña Sol supplie don Carlos de lui laisser la vie sauve. L'empereur, que son nouveau statut a rendu bon et juste, accepte et donne la jeune fille à Hernani qu'il arme chevalier. Il accorde également son pardon à tous les autres. En échange, Hernani doit renoncer à le tuer. À nouveau seul, don Carlos se recueille devant le tombeau de Charlemagne et lui demande s'il a bien agi.

ACTE V – LA NOCE

De jeunes seigneurs discutent du mariage de doña Sol et Hernani. Alors qu'ils repèrent une personne vêtue de noir, les jeunes mariés arrivent. Les seigneurs les félicitent, puis s'en vont.

Laissés seuls, les deux époux évoquent leur amour et leur joie d'être enfin unis lorsque le cor sonne. Hernani est désespéré, ce qui n'échappe pas à doña Sol. Désirant lui épargner la vérité, Hernani fait passer son trouble pour une affection physique et demande à doña Sol d'aller chercher une fiole dont le contenu pourrait le soulager. Il se lamente, tandis qu'entre l'homme vêtu de noir, don Ruy Gomez. Celui-ci rappelle son serment à Hernani et lui propose de choisir sa mort : lame ou poison. Le jeune duc essaie d'échapper à cette fin tragique, marchande, puis se résout : il choisit le poison. Doña Sol revient. Découvrant la situation, elle veut à tout prix défendre Hernani et se montre tour à tour agressive et plaintive, allant jusqu'à demander pitié pour son mari. Elle s'empare finalement de la fiole de poison et en boit la moitié tandis qu'Hernani vide le reste. Les époux meurent ainsi côte à côte, lui d'abord, elle ensuite. Épouvanté, don Ruy Gomez se suicide à son tour.

ÉTUDE DES PERSONNAGES

HERNANI, ALIAS JEAN D'ARAGON

Hernani, derrière qui se cache en réalité Jean d'Aragon, le fils d'un grand d'Espagne (c'est-à-dire l'une des personnes les plus nobles du royaume) exécuté par le roi précédent, est le héros romantique par excellence. Contrairement au schématisme classique du héros raisonnant, Hernani campe un homme en proie aux forces de la passion et du destin.

Tourmenté par son passé, marqué par la mort et la solitude, Hernani vit en bandit dans les montagnes d'Aragon. Il aime passionnément doña Sol, mais il est pris en tenaille entre son désir de fuir avec elle et sa volonté de se venger du roi don Carlos, dont le père a fait assassiner le sien. Il abandonne ce désir de vengeance lorsque don Carlos, devenu empereur et apprenant sa véritable identité, le réhabilite et lui concède la main de doña Sol. Mais, comme tous les héros romantiques, Hernani est rattrapé par la fatalité : accordant une telle importance à l'honneur, il se refuse à rompre le pacte fatal conclu préalablement avec don Ruy Gomez. Bien qu'il hésite au dernier moment, il se résout finalement à mourir pour son honneur et celui de doña Sol. Il meurt dans les bras de sa bienaimée.

Ce qui fait le caractère profondément romantique du personnage d'Hernani est le rapport désespéré qu'il entretient à l'Histoire : croulant sous le poids du passé (son désir de vengeance, son attachement aux valeurs nobles), bloquant son avenir par un pacte funeste, Hernani erre, s'exalte en vain et finit par n'être qu'une force qui va, au gré des passions qui l'emportent et l'excluent du changement historique que don Carlos est en train de négocier.

DOÑA SOL DE SILVA

Doña Sol, hormis la duègne, est le seul personnage féminin de la pièce. Objet de passions rivales, elle est elle aussi une héroïne romantique. Promise à son oncle, elle reste follement amoureuse d'Hernani et désespère de ne pouvoir s'unir à son bienaimé. Elle est prête à tout pour lui, même à vivre proscrite. Sa passion la mène à braver toutes les convenances qu'exigent son rang et son sang.

Comme Hernani, elle est elle aussi frappée par la fatalité : c'est que, malgré sa passion dévorante, elle reste également enfermée dans un passé révolu (celui de la féodalité et de ses valeurs patriarcales).

DON RUY GOMEZ DE SILVA

Don Ruy Gomez est un grand d'Espagne. Âgé, il souhaite épouser sa nièce, doña Sol, contre son gré. Il incarne la seigneurie féodale et accorde, à ce titre, une importance considérable au lignage et aux valeurs anciennes, telles que l'honneur et l'hospitalité. Dût-il s'opposer au roi, au bonheur de sa nièce et au sien propre, il n'y déroge jamais.

Outre la seigneurie féodale, don Ruy Gomez représente également la fatalité qui s'abat sur le héros et sa promise. À ce titre, il causera la perte des deux amants en rappelant à Hernani le pacte qu'ils avaient conclu et annoncera la mort à ce dernier en faisant sonner le cor. Lorsqu'il verra doña Sol mourir à cause de lui, épouvanté, il mettra fin à ses jours.

DON CARLOS

Don Carlos est le roi d'Espagne. Son père a tué celui d'Hernani et a jeté l'opprobre sur sa famille. Don Carlos est également amoureux de doña Sol. Il se présente dans les premières scènes sous une fausse identité, celle d'Hernani. C'est que don Carlos est le personnage qui se définit par sa capacité à se transformer, à changer complètement d'identité (anecdotiquement lorsqu'il se fait passer pour Hernani, très sérieusement lorsqu'il devient l'empereur Charles Quint [1500-1558]) en fonction de ce qu'exige la situation (la petite histoire de l'intrigue amoureuse dans les premières scènes, la grande Histoire dans les dernières scènes). Hernani arbore également des masques (celui du pèlerin, par exemple), mais, dessous, reste continuellement le même et, à la fin, ne fait jamais que récupérer son nom d'origine. À l'inverse, don Carlos, lorsqu'il devient l'empereur Charles Quint, change totalement d'identité et de caractère : belliqueux, ambitieux, vengeur, intransigeant et violent dans la première partie de l'œuvre, il adopte ensuite un comportement plus mesuré et se montre magnanime. Il réhabilite Hernani et lui accorde d'épouser celle qu'il aime, en dépit de son ancien désir pour doña Sol.

Don Carlos, en étant élu empereur, épouse en réalité le mouvement de l'Histoire qui tend à faire s'effondrer en Europe les royautés et les États dans lesquels le pouvoir est concentré jalousement dans les mains de quelques-uns.

C'est pourquoi il pardonne toutes ces querelles féodales qui lui semblent d'un coup dépassées et ne laisse pas son intérêt personnel influer sur ses décisions. Don Carlos, élu empereur, est devenu grandiose. Les nouvelles réalités de la scène européenne, sur laquelle surgissent des sentiments nationaux, semblent, d'après Hugo, exiger la figure d'un leadeur impérial capable de les canaliser et de les transformer en un projet grandiose.

C'est, paradoxalement, avec des couleurs passées (Charlemagne et Charles Quint) que Hugo semble vouloir dessiner un horizon politique nouveau : « Ombre auguste ! Empereur d'Allemagne,/ Oh ! dis-moi ce qu'on peut faire après Charlemagne ! Parle », supplie don Carlos dans le caveau (acte IV, scène II). L'évocation du personnage historique de Charlemagne est loin d'être anecdotique. L'empereur, à l'origine du développement politique, économique et culturel du monde occidental des VIIIe et IXe siècles, a fait l'objet de multiples textes élogieux, qui ont façonné sa légende. Il représente le souverain à la fois grandiose et proche de ses vassaux ; il apparait également comme un défenseur de la paix et un législateur. C'est donc naturellement qu'il est repris par de nombreux romantiques au XIXe siècle, puisqu'il représente le pouvoir unificateur face à la division politique.

CLÉS DE LECTURE

LE CONTEXTE HISTORIQUE : NATIONALISME ET LIBÉRALISME

Le XIXᵉ siècle fut une période mouvementée pour l'Europe entière. C'est tout d'abord le siècle de l'éveil des nationalités : se libérant des oppresseurs étrangers, les peuples réclament la reconnaissance de leur identité propre et de leurs droits. On voit alors se constituer de nouveaux États européens, comme l'Italie ou l'Allemagne. Cela a évidemment des conséquences sur la pensée et la littérature française, électrisées par la naissance d'un sentiment national et une curiosité vis-à-vis des nouvelles réalités de la scène internationale.

En France, c'est dès la Révolution de 1789 que le nationalisme et le libéralisme se trouvent intimement liés : la liberté, qui signifie l'affranchissement des tyrannies étrangères, est d'abord la revendication du pays. Au moment de la rédaction d'*Hernani*, la France est encore prise dans les remous de la Révolution – qui a provoqué la chute de l'Ancien Régime, modifié la société et suscité de grands espoirs de réforme et de liberté –, des guerres napoléoniennes et de la Restauration (nom donné au régime de France sous Louis XVIII [1814-1815] et Charles X [1815-1830]). C'est une période mouvementée, marquée par l'instabilité politique. Toute la conception du pouvoir politique est ainsi remise en question par l'irruption du peuple français sur l'échiquier politique.

La liberté du peuple apparait aussi comme inséparable des libertés individuelles, qui sont encore très restreintes. Parmi ces libertés, les écrivains français se préoccupent surtout de la liberté de pensée et d'expression, pour laquelle ils luttent sans relâche tout au long du XIXe siècle, en s'affrontant à des institutions très répressives, comme la censure. La liberté d'expression et de pensée est au centre des préoccupations, car il y a justement beaucoup à discuter et à penser. Chateaubriand (écrivain et homme politique français, 1768-1848), le premier, combat les obstacles à la liberté d'expression, suivi par les écrivains romantiques, dont Victor Hugo est le chef de file. Entre 1827 et 1830, le romantisme se rallie ainsi au libéralisme politique. Dès lors, le combat esthétique des romantiques en faveur de la liberté (liberté des formes, des genres, des sujets, etc.) se double d'une dimension idéologique : « Le romantisme n'est, à tout prendre, que le libéralisme en littérature », explique Hugo dans la préface d'*Hernani*.

Au premier abord, dans *Hernani*, le peuple ne semble pas du tout présent : l'histoire se concentre en effet autour des nobles. L'unique mention du peuple surgit toutefois, très symptomatiquement, lorsque don Carlos s'interroge dans le caveau de Charlemagne. Là, s'investissant d'une dimension impériale, don Carlos fait surgir la question du peuple et de la nation. Dans *Hernani*, la vision politique est donc non pas nationale, mais impériale. Les nouvelles réalités de la scène internationale semblent appeler, d'après Hugo, un homme providentiel, un Grand Homme, qu'il va rechercher sous les traits de deux empereurs historiques par excellence : Charlemagne et Charles Quint.

L'ÉCLOSION D'UN NOUVEAU GENRE : LE DRAME ROMANTIQUE

En littérature, le combat des auteurs romantiques pour la liberté a principalement été mené sur le terrain du théâtre qui, avec ses règles strictes, faisait figure de haut lieu du classicisme.

D'avis que la forme classique de la représentation n'était plus à la hauteur de la nouvelle réalité politique ou sociale et qu'en l'état, elle ne pouvait que la falsifier, les romantiques ont naturellement choisi l'art théâtral comme champ de leur bataille contre la tradition.

Ils ont ainsi mis à mal les principes et les règles de la tragédie classique afin d'opérer une véritable révolution des formes et des genres, et de donner naissance à une nouvelle esthétique théâtrale : le drame romantique.

En 1827, trois ans avant *Hernani*, Hugo publie *Cromwell*, un drame injouable en raison de sa longueur, qu'il accompagne d'une préface qui fera date dans l'histoire du théâtre.

Cette préface vaut pour programme des espérances de la génération romantique de 1830. Hugo y définit les caractéristiques du drame romantique et, au nom de la modernité, fait le procès des invraisemblances qui plombent la tradition théâtrale en raison des contraintes qui pèsent sur le genre classique.

Tout d'abord, il rejette la règle des trois unités. Cette règle, qui régissait la représentation classique, imposait à l'action une triple unité :

- de temps (l'action de la pièce doit se dérouler en un jour) ;
- de lieu (l'action doit se passer en un seul lieu) ;
- et d'action (la pièce ne peut comprendre qu'une seule intrigue.

Hugo estime que les unités de temps et de lieu, plus particulièrement, enlèvent sa substance au conflit dramatique. Quant à l'unité d'action, il la maintient car il estime qu'elle est nécessaire. Elle doit cependant être appliquée avec davantage de souplesse.

Ensuite, il s'insurge contre la loi de séparation des genres (tragédie/comédie), jugeant qu'elle empêche de rendre compte de la complexité de la nature humaine. Il promeut un drame qui mélangerait les tons et les genres, permettant ainsi de témoigner de la vérité de la nature humaine :

> « C'est une grande et belle chose, écrivait-il ainsi, que de voir se déployer avec cette largeur un drame où l'art développe puissamment la nature ; un drame où l'action marche à la conclusion, d'une allure ferme et facile, sans diffusion et sans étranglement ; un drame enfin où le poète remplisse pleinement le but multiple de l'art, qui est d'ouvrir au spectateur un double horizon, d'illuminer à la fois l'intérieur et l'extérieur des hommes ; l'extérieur, par leurs discours et leurs actions ; l'intérieur, par les a parte et les monologues ; de croiser, en un mot, dans le même tableau, le drame de la vie et le drame de la conscience. » (HUGO V., « Préface », in *Cromwell*, cité par WARUSFEL-ONFROY N. *et alii*, *Histoire de la littérature française*, p. 331)

La fonction qu'il assigne au nouveau genre est de saisir les conflits essentiels de la vie. Pour cela, il est nécessaire de faire apparaitre dans une même œuvre la beauté et la laideur, la grâce et la monstruosité, la grandeur et la misère : en d'autres termes, le sublime et le grotesque.

HERNANI,
UN MANIFESTE DU DRAME ROMANTIQUE ?

Hernani est traditionnellement considéré comme le premier drame romantique.

LE ROMANTISME

Le romantisme est un mouvement artistique et littéraire européen né en Allemagne et en Angleterre à la fin du XVIIIe siècle en réaction à la philosophie des Lumières, qui prônait la toute-puissance de la raison. Ce mouvement touche aussi au domaine sociopolitique puisqu'il s'attache à la défense des droits des individus et des peuples.

Le romantisme a connu son apogée en France entre 1820 et 1848. Les écrivains romantiques français ont été particulièrement touchés par le contexte politique de leur époque. Les régimes qui ont succédé à la Révolution n'ont pas tenu les promesses de 1789, provoquant un profond désenchantement. Les artistes ont alors été victimes du « mal du siècle » (sentiment de nostalgie et de non-appartenance à la société de l'époque).

Les principales caractéristiques du romantisme sont :

- l'affirmation de la subjectivité du poète, qui explore son « moi » profond ;
- une mise en avant des sentiments, qui reflètent le mal du siècle accablant l'artiste ;
- l'importance de la nature, avec laquelle le poète cherche à entrer en communion ou qu'il perçoit comme un refuge ou une source d'inspiration ;
- un gout pour les personnages légendaires et héroïques ;
- la liberté des formes, qui passe par la réhabilitation de certains genres poétiques, le rejet de la tragédie classique, le développement du roman, etc. ;
- la liberté des sujets, l'écrivain pouvant dorénavant parler de tout ;
- le mélange des genres, des tons et des niveaux de langue, par souci de vérité.

Cependant, il serait peut-être plus juste de considérer *Hernani* comme une œuvre intermédiaire qui, si elle reprend de nombreux traits nouveaux propres au drame romantique, présente encore quelques caractéristiques du théâtre classique.

L'influence classique

Du théâtre classique, Victor Hugo conserve :

- **l'alexandrin (vers comprenant douze syllabes)**. Toute la pièce est écrite en alexandrins, forme par excellence du théâtre classique : « J'ai tant besoin de vous pour oublier les autres ! », s'écrie Hernani face à doña Sol (acte I, scène II) ;

- **un sujet historique**. Le théâtre classique privilégiait les sources historiques, comme le *Tite et Bérénice* (1670) de Corneille, qui met en scène l'histoire d'amour de l'empereur romain Tite. Dans *Hernani*, Hugo met en scène le personnage de don Carlos, futur Charles Quint, qui devint empereur du Saint-Empire romain germanique en 1519. En outre, il aurait tiré son sujet d'un passage d'une vieille chronique espagnole :

> « Don Carlos, tant qu'il ne fut qu'archiduc d'Autriche et roi d'Espagne, fut un prince amoureux de son plaisir, grand coureur d'aventures, sérénades et estocades sous les balcons de Saragosse, ravissant volontiers les belles aux galants, voluptueux et cruel au besoin. Mais du jour où il fut empereur, une révolution se fit en lui [...] et le débauché don Carlos devint ce monarque habile, sage, clément, hautain, glorieux, hardi avec prudence, que l'Europe a admiré sous le nom de Charles-Quint. » (« Extrait de la chronique espagnole de Alaya », in BIRÉ E., *Victor Hugo avant 1830*, Paris, J. Gervais, 1883, p. 491)

Mais si Hugo conserve certaines caractéristiques du théâtre classique, c'est pour mieux les subvertir, comme lorsqu'il démembre l'alexandrin contre les attentes classiques. Il fait donc imploser la forme classique en y apportant des éléments subversifs, autant sur le fond que sur la forme.

La rupture romantique

Victor Hugo rompt cependant avec la tradition classique sur plusieurs points :

- **les unités de temps, de lieu et d'action ne sont pas respectées**. En effet, l'histoire se déroule sur six mois (et non sur une seule journée) et dans divers lieux (de Saragosse à Aix-la-Chapelle, en passant par Aragon) ;
- **la règle de bienséance n'est pas respectée**. En effet, si les décès et les scènes violentes ou intimes n'étaient pas tolérés dans la représentation classique, *Hernani*, à l'inverse, débute dans la chambre de doña Sol et s'achève sur le suicide de trois personnages (doña Sol, Hernani et Ruy Gomez) ;
- **Hugo alterne les registres** en glissant dans son drame un certain nombre de scènes comiques. La première scène, par exemple, tient du vaudeville : le roi don Carlos se cache dans une armoire, ce qui est grotesque par rapport à son statut. De la même manière, certains dialogues burlesques sont en décalage avec le registre tragique. Ainsi, toujours dans la même scène, don Carlos demande à la duègne s'il est vrai que doña Sol reçoit en cachette « le jeune amant sans barbe à la barbe du vieux » (acte I, scène I). Hugo s'amuse à glisser également des termes triviaux afin de créer le contraste, la surprise, mais aussi un effet de naturel dans ses répliques. Ainsi, on tombe sur des phrases comme « Serait-ce l'écurie où tu mets d'aventure/ Le manche du balai qui te sert de monture ? » (acte I, scène I), mais aussi des propos plus choquants : « S'ils voulaient une femme, ils la prenaient sans tache,/ En plein jour, devant tous, et l'épée, ou la hache,/ Ou la

lance à la main. » (acte I, scène III). À l'inverse, on trouve aussi des déclarations lyriques (un genre littéraire caractérisé par l'expression exaltée des sentiments) :

> « Ah ! Je t'aime en époux, en père ! Et puis encore
> De cent autres façons, comme on aime l'aurore,
> Comme on aime les fleurs, comme on aime les cieux !
> De te voir tous les jours, toi, ton pas gracieux,
> Ton front pur, le beau feu de ta douce prunelle,
> Je ris, et j'ai dans l'âme une fête éternelle ! » (acte III, scène I)

Dans cette scène, don Ruy Gomez évoque son amour pour doña Sol en la comparant aux éléments naturels (les fleurs, les cieux, etc.), un procédé tout à fait romantique. En mélangeant les registres, Hugo cherche à dynamiser le texte et le jeu des acteurs, mais il souhaite surtout rendre la pièce plus vraie dans sa peinture de la nature humaine ;

- **le style** de l'auteur, qui donne au texte de la vitalité, rompt également avec les règles classiques. Hugo est l'un des premiers à « disloquer ce grand niais d'alexandrin » (« Quelques Mots à un autre », in *Les Contemplations*, p. 71), c'est-à-dire qu'il l'utilise, mais en modifie la structure. Il se détache de la césure classique (à la structure binaire) et utilise des structures parfois ternaires (4-4-4) : « Je suis banni, je suis proscrit ! Je suis funeste ! » (acte II, scène IV). Dans la même optique, il pratique l'enjambement, propre à l'écriture romantique : c'est-à-dire qu'il laisse la phrase d'un vers « enjamber » le vers du dessous – une pratique que l'on évitait à l'époque classique pour ne pas rompre l'harmonie du vers : « Je suis Jean d'Aragon, grand-maître d'Avis, né/ Dans l'exil, fils proscrit d'un père assassiné/ Par sentence du tien, roi Carlos de Castille. »

(acte IV, scène VI) Ainsi, Victor Hugo libère le vers et instaure des techniques que l'on considèrera plus tard comme caractéristiques du romantisme ;

- **les didascalies**, très nombreuses, indiquent l'importance de la théâtralité de l'œuvre. Hugo multiplie les didascalies, alors que le théâtre classique est souvent centré sur la langue et le discours. Dans *Hernani*, elles permettent de situer l'action et l'espace :

> « Les caveaux qui renferment le tombeau de Charlemagne à Aix-La-Chapelle ; de grandes voûtes d'architecture lombarde. Gros piliers bas. Pleins cintres. Chapiteaux d'oiseaux et de fleurs. À droite le tombeau de Charlemagne, avec une petite porte de bronze basse et cintrée. Une seule lampe suspendue à une clef de voûte en éclaire l'inscription : Karolo Magno. Il est nuit, on ne voit pas le fond du souterrain ; l'œil se perd dans les arcades et les piliers qui s'entrecroisent dans l'ombre. » (acte IV, scène I)

Les didascalies permettent aussi, et surtout, de définir la psychologie des personnages à travers leurs gestes ou expressions. Le caractère impétueux et passionné d'Hernani est indiqué, par exemple, au moment où il voit son amante en robe de mariée, prête à épouser don Ruy Gomez : « Hernani, haletant et effaré, considère doña Sol avec des yeux ardents, sans écouter le duc. » (acte III, scène IV) ;

- **la psychologie des personnages** se libère des stéréotypes et du manichéisme. Hernani pardonne très vite au roi alors qu'il a porté sa rancune pendant des années ; don Ruy Gomez, qui veut forcer sa nièce à l'épouser, aide Hernani à se cacher chez lui ; don Carlos devient un empereur juste et bon, etc. Alors que le théâtre classique met en scène des caractères simples et constants, Hugo s'éloigne d'une psychologie des caractères pour développer une psychologie des pulsions. Il veut ainsi toucher au plus vrai de la nature humaine.

Mais pourquoi est-ce si politiquement grave et risqué de jouer avec les règles du théâtre classique ? Les règles du théâtre classique, bien qu'elles ne soient en apparence qu'esthétiques, non seulement cachent une conception du pouvoir et de la représentation politique (ceux qui sont représentés dans la pièce, c'est-à-dire les nobles et les rois, sont ceux qui existent politiquement, les autres sont quantité négligeable), mais encore elles limitent l'interrogation puisque tout est très cadré. En se jouant de toutes ces règles, en les élargissant, Hugo libère la forme et ouvre l'interrogation politique.

LA BATAILLE D'*HERNANI*

Écrit en vingt-sept jours après l'interdiction par la censure de *Marion de Lorme* (drame en vers écrit en 1929 et représenté en 1831, qui a lui aussi suscité l'agitation à cause d'une description peu flatteuse du roi Louis XIII), *Hernani* est, dès sa conception, pensé comme un manifeste par Victor Hugo, qui souhaitait voir triompher le drame romantique. Et de fait, avant même sa première représentation, cette pièce déchaine les passions, le texte ayant été divulgué par un censeur. Or, malgré les réticences du pouvoir – menacé par toute nouveauté –, Hugo, avide de revanche, ne se laisse pas décourager.

Contrairement à ce que l'on a pu dire, la première de la pièce, le 25 février 1830, est un réel succès. La célèbre bataille dans le public, au cours de laquelle on a vu s'affronter les Anciens (les partisans du théâtre classique) et les Modernes (la jeune et fougueuse génération romantique) ne se déclenche qu'à la deuxième représentation. Si elle n'a véritablement cours que durant le seul mois de mars, la tension est telle que le spectacle n'a pas seulement lieu sur scène, mais également dans la salle (hurlements, coups, interventions policières, etc.). *Hernani* devient un évènement, comme le fut à son époque *Le Cid*. D'ailleurs, pour preuve de sa réussite, quatre parodies de la pièce voient le jour l'année même de sa création. Néanmoins, dans les années qui suivent, le succès d'*Hernani* s'estompe. Mais, après son interdiction sous le Second Empire, *Hernani* fait à nouveau un triomphe en 1877 avec Mounet-Sully (acteur français, 1841-1916) et Sarah Bernhardt (actrice française, 1844-1923) dans les rôles principaux. Depuis, elle est régulièrement mise en scène. Excepté le triomphe fait à *Ruy Blas* en 1838, *Hernani* reste un succès inégalé dans l'œuvre dramatique de Victor Hugo

LES SOURCES D'*HERNANI*

Victor Hugo a puisé à diverses sources pour rédiger son drame historique. Tout d'abord, il explique dans sa préface avoir été influencé par le « *romancéro* » : il s'agit d'un genre littéraire espagnol qui se base sur les recueils de poèmes héroïques composés à partir du XIVe siècle. Ils mettent en scène des chevaliers, des personnages légendaires et se transmettent souvent oralement. Le *romancéro* a inspiré de nombreux auteurs du Siècle d'or espagnol (XVIe

et XVIIe siècles), mais aussi des auteurs européens. Ainsi, Guillén de Castro (auteur dramatique espagnol, 1569-1631) s'est inspiré de l'histoire de « *El Cid Campeador* » pour écrire *Les Enfances du Cid* (1619) : le Cid (de son vrai nom Rodrigo Díaz de Vivar) est un guerrier renommé qui a conquis le royaume de Valence en 1095, et dont les exploits ont fait de lui une légende. L'œuvre de Guillén de Castro est importante, car elle a inspiré Corneille pour sa propre pièce *Le Cid*.

LE CID

Le Cid est l'une des pièces les plus célèbres de Corneille. Bien avant *Hernani*, elle a également soulevé en son temps une vive controverse : « la querelle du *Cid* ».

Certains auteurs ont, en effet, reproché à Corneille de ne pas respecter tout à fait les normes théâtrales de l'époque (la règle des trois unités, l'unicité des genres, etc.)

Cette pièce est une tragicomédie en vers. L'intrigue se déroule en Castille, à Séville, où deux jeunes amants, Rodrigue et Chimène, sont sur le point de se marier. Leurs pères respectifs, don Diègue et don Gomès, se querellent alors que ce dernier est jaloux de voir le père de Chimène obtenir le poste de précepteur du prince. Lorsque don Gomès gifle don Diègue, ce dernier demande à son fils de le venger. Rodrigue, déchiré entre l'honneur familial et l'amour, finit par tuer le père de Chimène. La jeune fille tente d'oublier son amant. Mais lorsque le royaume est attaqué, Rodrigue prouve sa valeur et demande au roi son pardon. Chimène et Rodrigue pourront alors enfin se marier.

On retrouve non seulement l'Espagne de Corneille dans *Hernani*, mais aussi une part de son intrigue amoureuse (Hernani est partagé entre son amour pour doña Sol et la vengeance de son père). Victor Hugo, en s'inspirant du *Cid*, montre son ambition de bousculer derechef les traditions littéraires, en mélangeant aussi les registres et en abandonnant la règle des trois unités. *Hernani*, tout comme *Le Cid*, provoquera une querelle littéraire historique.

En outre, en désirant se détacher du théâtre classique, Victor Hugo semble aussi se rapprocher d'un autre célèbre dramaturge : Shakespeare (dramaturge anglais, 1564-1616). En effet, Hernani et doña Sol semblent, à bien des égards, être des Roméo et Juliette modernes.

<u>ROMÉO ET JULIETTE</u>

Roméo et Juliette (1595-1596) est l'une des pièces les plus célèbres de Shakespeare.

Elle retrace le destin tragique de deux amants, Roméo et Juliette, à Vérone (Italie). Alors que les familles Montaigu et Capulet sont ennemies depuis toujours, leurs enfants, Roméo et Juliette, tombent amoureux. Les deux jeunes amants tenteront de s'enfuir pour vivre leur amour impossible, mais ils seront rattrapés par leur destin et les rivalités familiales et finiront par mourir ensemble.

L'intrigue de *Roméo et Juliette* est assez similaire à celle d'*Hernani* : ces deux pièces s'intéressent à des amours défendus. Roméo et Juliette ne peuvent se marier, car ils appartiennent à des familles rivales, tout comme doña Sol et Hernani chez Victor Hugo : doña Sol, promise à son oncle, est une Silva, tandis qu'Hernani est un Aragon, qui sont les deux grandes maisons féodales. Certains personnages se ressemblent également : les deux jeunes héroïnes sont éperdument amoureuses et prêtes à s'enfuir avec leurs amants. Notons d'ailleurs que Roméo compare sa Juliette au soleil, ce à quoi Hugo fait peut-être écho avec le choix du nom doña Sol.

Hugo semble surtout avoir emprunté à Shakespeare le thème de la fatalité, qu'on ne retrouve pas dans *Le Cid*. En effet, les personnages sont victimes du destin : leur amour impossible ne pourra s'accomplir que dans la mort. Alors que Shakespeare évoque la mort de Roméo et de Juliette dès la première scène de sa pièce, Victor Hugo laisse plus subtilement ses amants évoquer leur fin dans la seconde scène du premier acte : « Être errante avec moi, proscrite, et, s'il le faut/ Me suivre où je suivrai mon père, — à l'échafaud. » (acte I, scène II). De la même façon, Victor Hugo achève sa pièce sur la mort tragique des amants, qui se suicident avec le même expédient : le poison.

Enfin, Victor Hugo reprend à Shakespeare la liberté dans les registres — les deux auteurs glissent en effet des passages comiques dans leur tragédie — ainsi que le non-respect de la bienséance — chez Hugo comme chez Shakespeare, les deux amants meurent sur scène. Le théâtre romantique de

Hugo s'inspire donc beaucoup du théâtre élisabéthain de la seconde moitié du XVIe siècle.

La pièce de Hugo, inspirée par des sources variées, et prônant un idéal de liberté, a donc fait couler beaucoup d'encre à sa sortie. Si elle a pu sembler hybride au premier abord, son succès ne s'est jamais démenti depuis et c'est à l'aune de ce premier drame romantique que les critiques ont par la suite jugé toute la production théâtrale des dramaturges romantiques. Bien que la pièce soit peu représentée depuis les années 1970, elle reste aujourd'hui un classique de la littérature française.

PISTES DE RÉFLEXION

QUELQUES QUESTIONS POUR APPROFONDIR SA RÉFLEXION...

- En 1637, *Le Cid* de Corneille a remporté un vif succès, mais a aussi déclenché une importante querelle restée célèbre. On a reproché à son auteur, entre autres, de ne pas respecter la règle des trois unités, instaurée depuis peu. « La querelle du *Cid* » et la « bataille d'*Hernani* » sont-elles comparables ? Si oui, pourquoi
- L'unité d'action est-elle respectée dans *Hernani* ? Nuancez votre réponse.
- En quoi consiste le mélange des genres et des tons dans *Hernani* ? Expliquez à l'aide d'exemples tirés du texte.
- En quoi les personnages d'Hernani et de doña Sol sont-ils des héros romantiques ?
- Commentez cette citation de Victor Hugo, extraite de la préface d'*Hernani* : « La liberté dans l'art, la liberté dans la société, voilà le double but auquel doivent tendre d'un même pas tous les esprits. » (p. 32)
- Dans sa préface, Hugo explique aussi « qu'à une littérature de cour succède une littérature du peuple ». Expliquez ce qu'il veut dire par là.
- Le cadre historique, l'Espagne du XVIe siècle, vous semble-t-il important ? Selon vous, l'intrigue aurait-elle pu se dérouler dans un autre lieu et à une autre époque ? Expliquez.

- Après *Hernani*, Hugo a écrit d'autres drames romantiques, notamment *Ruy Blas*, une pièce qui a également obtenu un incroyable succès. Cette œuvre applique-t-elle exactement les mêmes principes esthétiques qu'*Hernani* ?
- Comparez *Hernani* avec, d'une part, une pièce de Racine, auteur classique par excellence (par exemple *Bérénice*) et, d'autre part, une pièce de Shakespeare (par exemple *Roméo et Juliette*). *Hernani* est-il plus proche du théâtre classique ou du théâtre élisabéthain ? Expliquez.
- Pensez-vous qu'à l'heure actuelle, une pièce de théâtre, un roman, une œuvre d'art ou encore un film puisse faire l'objet d'une bataille aussi mouvementée que celle d'*Hernani* ? Expliquez et, éventuellement, citez des exemples.

Votre avis nous intéresse !
Laissez un commentaire sur le site de votre librairie en ligne
et partagez vos coups de cœur sur les réseaux sociaux !

POUR ALLER PLUS LOIN

ÉDITION DE RÉFÉRENCE

- HUGO V., *Hernani*, Paris, Gallimard, coll. « Folio théâtre », 1995.

ÉTUDES DE RÉFÉRENCE

- ARON P., SAINT-JACQUES D. et VIALA A., *Le Dictionnaire du littéraire*, Paris, PUF, 2002.
- BEAUMARCHAIS J.-P. de et COUTY D., *Dictionnaire des grandes œuvres de la littérature française*, Paris, Larousse, 2001.
- BIRÉ E, *Victor Hugo avant 1830*, Paris, J. Gervais, 1883.
- DAUVIN S. et DAUVIN J., *Hernani (1830). Ruy Blas (1838). Victor Hugo*, Paris, Hatier, coll. « Profil d'une œuvre », 2003.
- DURAND-LE GUERN I., « Charlemagne », in *Le Moyen Âge des romantiques*, Rennes, PUR, 2001, consulté le 29 mars 2017, http://books.openedition.org/pur/29631
- FAERBER M., *Roméo et Juliette. William Shakespeare*, Paris, Hatier, coll. « Profil d'une œuvre », 2007.
- LEGROS G., MONBALLIN M. et STREEL I., *Les Grands Courants de la littérature française*, Bruxelles, Averbode, 2007.
- DEVOTO D., « Romancero », in *universalis.fr*, consulté le 30 janvier 2017, http://www.universalis.fr/encyclopedie/romancero/
- WARUSFEL-ONFROY N. *et alii*, *Histoire de la littérature française. XVIIIe, XIXe, XXe*, Paris, Nathan, 1988.

SUR LEPETITLITTÉRAIRE.FR

- Commentaire portant sur la scène II de l'acte I d'*Hernani*.
- Commentaire portant sur la préface de 1832 du *Dernier Jour d'un condamné* de Victor Hugo.
- Commentaire portant sur la préface de *Cromwell* de Victor Hugo.
- Fiche de lecture sur *Claude Gueux* de Victor Hugo.
- Fiche de lecture sur *Les Contemplations* de Victor Hugo.
- Fiche de lecture sur *Le Dernier Jour d'un condamné* de Victor Hugo.
- Fiche de lecture sur *L'Homme qui rit* de Victor Hugo.
- Fiche de lecture sur *Les Misérables* de Victor Hugo.
- Fiche de lecture sur *Notre-Dame de Paris* de Victor Hugo.
- Fiche de lecture sur *Quatrevingt-Treize* de Victor Hugo.
- Fiche de lecture sur *Ruy Blas* de Victor Hugo.
- Questionnaire de lecture sur *Claude Gueux*.
- Questionnaire de lecture sur *Le Dernier Jour d'un condamné*.
- Questionnaire de lecture sur *Quatrevingt-Treize*.

Retrouvez notre offre complète sur lePetitLittéraire.fr

- des fiches de lectures
- des commentaires littéraires
- des questionnaires de lecture
- des résumés

ANOUILH
- Antigone

AUSTEN
- Orgueil et Préjugés

BALZAC
- Eugénie Grandet
- Le Père Goriot
- Illusions perdues

BARJAVEL
- La Nuit des temps

BEAUMARCHAIS
- Le Mariage de Figaro

BECKETT
- En attendant Godot

BRETON
- Nadja

CAMUS
- La Peste
- Les Justes
- L'Étranger

CARRÈRE
- Limonov

CÉLINE
- Voyage au bout de la nuit

CERVANTÈS
- Don Quichotte de la Manche

CHATEAUBRIAND
- Mémoires d'outre-tombe

CHODERLOS DE LACLOS
- Les Liaisons dangereuses

CHRÉTIEN DE TROYES
- Yvain ou le Chevalier au lion

CHRISTIE
- Dix Petits Nègres

CLAUDEL
- La Petite Fille de Monsieur Linh
- Le Rapport de Brodeck

COELHO
- L'Alchimiste

CONAN DOYLE
- Le Chien des Baskerville

DAI SIJIE
- Balzac et la Petite Tailleuse chinoise

DE GAULLE
- Mémoires de guerre III. Le Salut. 1944-1946

DE VIGAN
- No et moi

DICKER
- La Vérité sur l'affaire Harry Quebert

DIDEROT
- Supplément au Voyage de Bougainville

DUMAS
- Les Trois Mousquetaires

ÉNARD
- Parlez-leur de batailles, de rois et d'éléphants

FERRARI
- Le Sermon sur la chute de Rome

FLAUBERT
- Madame Bovary

FRANK
- Journal d'Anne Frank

FRED VARGAS
- Pars vite et reviens tard

GARY
- La Vie devant soi

GAUDÉ
- La Mort du roi Tsongor
- Le Soleil des Scorta

GAUTIER
- La Morte amoureuse
- Le Capitaine Fracasse

GAVALDA
- 35 kilos d'espoir

GIDE
- Les Faux-Monnayeurs

GIONO
- Le Grand Troupeau
- Le Hussard sur le toit

GIRAUDOUX
- La guerre de Troie n'aura pas lieu

GOLDING
- Sa Majesté des Mouches

GRIMBERT
- Un secret

HEMINGWAY
- Le Vieil Homme et la Mer

HESSEL
- Indignez-vous !

HOMÈRE
- L'Odyssée

HUGO
- Le Dernier Jour d'un condamné
- Les Misérables
- Notre-Dame de Paris

HUXLEY
- Le Meilleur des mondes

IONESCO
- Rhinocéros
- La Cantatrice chauve

JARY
- Ubu roi

JENNI
- L'Art français de la guerre

JOFFO
- Un sac de billes

KAFKA
- La Métamorphose

KEROUAC
- Sur la route

KESSEL
- Le Lion

LARSSON
- Millenium 1. Les hommes qui n'aimaient pas les femmes

LE CLÉZIO
- Mondo

LEVI
- Si c'est un homme

LEVY
- Et si c'était vrai…

MAALOUF
- Léon l'Africain

MALRAUX
- La Condition humaine

MARIVAUX
- La Double Inconstance
- Le Jeu de l'amour et du hasard

MARTINEZ
- Du domaine des murmures

MAUPASSANT
- Boule de suif
- Le Horla
- Une vie

MAURIAC
- Le Nœud de vipères

MAURIAC
- Le Sagouin

MÉRIMÉE
- Tamango
- Colomba

MERLE
- La mort est mon métier

MOLIÈRE
- Le Misanthrope
- L'Avare
- Le Bourgeois gentilhomme

MONTAIGNE
- Essais

MORPURGO
- Le Roi Arthur

MUSSET
- Lorenzaccio

MUSSO
- Que serais-je sans toi ?

NOTHOMB
- Stupeur et Tremblements

ORWELL
- La Ferme des animaux
- 1984

PAGNOL
- La Gloire de mon père

PANCOL
- Les Yeux jaunes des crocodiles

PASCAL
- Pensées

PENNAC
- Au bonheur des ogres

POE
- La Chute de la maison Usher

PROUST
- Du côté de chez Swann

QUENEAU
- Zazie dans le métro

QUIGNARD
- Tous les matins du monde

RABELAIS
- Gargantua

RACINE
- Andromaque
- Britannicus
- Phèdre

ROUSSEAU
- Confessions

ROSTAND
- Cyrano de Bergerac

ROWLING
- Harry Potter à l'école des sorciers

SAINT-EXUPÉRY
- Le Petit Prince
- Vol de nuit

SARTRE
- Huis clos
- La Nausée
- Les Mouches

SCHLINK
- Le Liseur

SCHMITT
- La Part de l'autre
- Oscar et la
  Dame rose

SEPULVEDA
- Le Vieux qui
  lisait des romans
  d'amour

SHAKESPEARE
- Roméo et Juliette

SIMENON
- Le Chien jaune

STEEMAN
- L'Assassin
  habite au 21

STEINBECK
- Des souris et
  des hommes

STENDHAL
- Le Rouge et
  le Noir

STEVENSON
- L'Île au trésor

SÜSKIND
- Le Parfum

TOLSTOÏ
- Anna Karénine

TOURNIER
- Vendredi ou
  la Vie sauvage

TOUSSAINT
- Fuir

UHLMAN
- L'Ami retrouvé

VERNE
- Le Tour
  du monde
  en 80 jours
- Vingt mille
  lieues sous
  les mers
- Voyage au
  centre de
  la terre

VIAN
- L'Écume des jours

VOLTAIRE
- Candide

WELLS
- La Guerre des
  mondes

YOURCENAR
- Mémoires
  d'Hadrien

ZOLA
- Au bonheur
  des dames
- L'Assommoir
- Germinal

ZWEIG
- Le Joueur
  d'échecs

www.lepetitlitteraire.fr

ISBN version numérique : 978-2-8062-9427-2
ISBN version papier : 978-2-8062-9428-9
Dépôt légal : D/2017/12603/100

Avec la collaboration de Pauline Coullet pour l'étude du personnage de Don Carlos, les chapitres « *Hernani*, un manifeste du drame romantique ? » et « Les sources d'*Hernani* ».

Conception numérique : Primento, le partenaire numérique des éditeurs.

Ce titre a été réalisé avec le soutien de la Fédération Wallonie-Bruxelles, Service général des Lettres et du Livre.

Made in the USA
Monee, IL
07 July 2026